NOTICE

Nécrologique

SUR

MICHEL-LOUIS TALOT,

ADJUDANT-GÉNÉRAL, REPRÉSENTANT DU PEUPLE

ET MEMBRE DU CONSEIL DES CINQ-CENTS.

Par M*** Fils.

NOTICE

NÉCROLOGIQUE

SUR

MICHEL-LOUIS TALOT,

ADJUDANT-GÉNÉRAL, REPRÉSENTANT DU PEUPLE

ET MEMBRE DU CONSEIL DES CINQ-CENTS.

Par M*** Fils.

NOTICE

SUR

MICHEL-LOUIS TALOT,

ADJUDANT-GÉNÉRAL, REPRÉSENTANT DU PEUPLE

ET MEMBRE DU CONSEIL DES CINQ-CENTS.

On doit des égards aux vivans ; on ne doit aux morts que la vérité.

VOLTAIRE.

La mort vient encore de moissonner l'un de ces hommes doués d'une ame fortement trempée, qui ont été assez heureux pour traverser la révolution avec honneur.

Michel-Louis Talot est décédé à Cholet, sa ville natale, le 12 juin 1828. Cette perte qui afflige tous ceux qui rendent hommage à la vertu, sera surtout vivement sentie par ses contemporains illustres, encore debout, qui ont partagé ses travaux militaires et administratifs.

Michel-Louis Talot, adjudant-général, représentant du peuple et membre du conseil des Cinq-Cents, naquit à Cholet, le 22 août 1755, d'un commerçant distingué de cette ville. Aîné de trois frères, son père, peu fortuné, le destina dès ses premiers ans au barreau. Agrégé au tribunal de commerce d'Angers, le jeune Michel s'y vit bientôt très-employé.

En 1789 il fut nommé électeur, incorporé dans la garde nationale, lors de sa première organisation, et promu à divers grades. Talot à la tête de ses camarades contribua puissamment à apaiser des troubles qui éclatèrent en 1792. Il était membre du conseil général et juge près le tribunal de première instance du district d'Angers lors des premiers effets de la guerre de la Vendée ; il quitta ces deux fonctions pour aller se jeter dans les camps. Bientôt il fut nommé adjudant-général, grade qu'il n'a dû qu'à sa valeur. Ses premières armes se firent sous Menou, général, qu'il eut l'avantage , quelque temps après , d'arracher à la fureur d'une commission militaire qui siégeait au Palais Royal.

A la fin du mois d'août 1793 , Talot fut appelé à la Convention nationale en qualité de député suppléant ; il hésita , mais il fallut obéir. Quelques jours après son admission, il entra au comité de la guerre et en devint le secrétaire ; il remplit cette fonction pendant dix mois. Plus tard il le fut de la Convention , puis du conseil des Cinq-Cents. A cette première époque, Robespierre eut avec lui une vive altercation. Ce farouche révolutionnaire voulait envoyer ce jeune homme en mission dans les départemens de l'Ouest ; Talot

déploya beaucoup d'énergie dans son refus ; il fut assez fortuné pour en imposer
au tyran qui abandonna ce projet.

Après le 9 thermidor , Talot fut in-
vesti du commandement de la force armée
de Paris. Sa fermeté réprima diverses
émeutes ; dans l'une il eut le courage
de se placer au milieu de la porte de la
salle des séances, et de jurer aux factieux
qu'avant de violer le sanctuaire des lois,
il fallait que l'on marchât sur son corps
désarmé.

Envoyé près de l'armée de Sambre et
Meuse , Talot prit part aux travaux du
siége de Luxembourg ; en sa qualité de
représentant du peuple français , il négo-
cia la capitulation de cette place im-
portante , et fit son entrée dans cette
ville avec les chefs qui commandaient
l'armée.

Rappelé par ses collègues, il fut nommé
président du comité de la guerre , et aida

de nouveau à repousser les ennemis de l'ordre qui menaçaient la représentation nationale. Il remplit encore avec honneur une nouvelle mission dans le Nord.

L'assemblée électorale de France nomma Talot député au conseil des Cinq-Cents. Ce corps législatif fut souvent exposé aux orages insurrectionnels.

Talot prit une part active aux événemens du 18 fructidor ; il fit rayer plusieurs noms de ses collègues de la liste des proscrits. Ce fut sur sa proposition que les deux conseils rentrèrent dans les lieux ordinaires de leurs séances. C'est également à cette époque qu'il faut rattacher un trait qui honore le caractère du héros de cette notice. Un député demanda la somme de trois cent mille francs en forme d'indemnité en faveur du général Bonaparte ; cette demande causa une surprise extrême ; Talot, sollicité par ses collègues, vole à la tribune et s'explique en ces termes : « Citoyens, j'ai lu dans

» nos annales qu'un grenadier français
» ayant fait une action d'éclat, son capi-
» taine, en lui ouvrant sa bourse, l'invita
» à y puiser le prix de sa récompense. Le
» brave répondit avec l'émotion de l'hé-
» roïsme : on ne va pas là, mon capitaine,
» pour de l'or, mais bien pour la gloire!
» Une pareille proposition, poursuivit
» l'orateur, ne peut être faite que par les
» ennemis de l'illustre général. Bonaparte
» n'a pas combattu pour obtenir une sem-
» blable rétribution, mais uniquement
» pour servir sa noble patrie : je propose
» l'ordre du jour ». L'assemblée applau-
dit à cette opinion pleine de patriotisme,
et l'ordre du jour fut prononcé.

Cependant quelques auteurs, qui se font
une conscience suivant les événemens, ont
prétendu que Talot avait flatté le jeune
chef de bataillon de la journée de Toulon;
nous pouvons assurer le contraire. Talot
n'a jamais encensé Napoléon ; seulement
il a rendu, comme la France entière, jus-

tice aux talens militaires de ce colosse de gloire.

C'est à ce député que la veuve d'un immortel général , pacificateur de la Vendée , doit sa pension si légitimement due. Les opinions de ce héros ont toujours été en harmonie avec celles de Talot sur nos troubles civils ; les folliculaires du temps ont été , nous l'affirmons , dans l'erreur.

Un écrivain justement estimé, et que la mort vient aussi de nous enlever, a prétendu que Talot avait professé les principes des Jacobins ; nous osons encore combattre cette assertion. Talot a pu se tromper : il était, comme il le disait souvent, un républicain de bonne foi ; mais jamais il ne fut l'instrument d'un parti.

C'est au 18 brumaire que Talot déploya une énergie digne des beaux modèles de l'antiquité. Il s'opposa constamment à l'envahissement du pouvoir ; c'est lui qui prononça ces paroles mémo-

rables au moment où Lucien se dépouilla de la toge sénatoriale et des signes de la magistrature populaire : « Eh quoi ! nous
» représentons le peuple français , et nous
» sommes dans un village , entourés d'une
» force armée considérable dont nous ne
» disposons pas !... Moi je déclare que
» hier la constitution a été outragée ; le
» conseil des anciens n'avait pas le droit
» de nommer un général..... Bonaparte
» n'a pas eu le droit de pénétrer dans
» cette enceinte sans y être mandé.....
» vous ne pouvez voter plus long-temps
» dans une telle position ; vous devez re-
» tourner dans Paris ; marchez-y revêtus
» de votre costume , et votre retour y
» sera protégé par des citoyens et des
» soldats [1]. »

Talot préféra la prison à la faveur ; il fut incarcéré quelques jours après ce coup d'état , à la Conciergerie , et ne dut sa liberté , non pas comme on l'a dit à un

(1) Dulaure.

guerrier aujourd'hui couronné , mais à l'intérêt que lui portaient ses collègues de la députation de Maine et Loire.

Le premier consul, oubliant le passé, nomma Talot colonel de gendarmerie , à la résidence de Grenoble , puis sous-inspecteur aux revues ; notre ex-député refusa ces emplois supérieurs.

Lors de l'horrible catastrophe de la rue Saint-Nicaise , Talot fut de nouveau arrêté. Conduit au Temple , le geolier l'introduisit dans un vaste appartement déjà occupé par des émigrés. Ces prisonniers, le voyant souffrant d'une blessure grave qu'il avait reçue en se défendant, s'empressent de lui prodiguer des secours, et lui disent : « Nous vous con-
» naissons, Monsieur, vous vous nommez
» Talot ; nous respectons tous ceux qui
» comme vous sont invariables dans leur
» opinion ; votre conduite est celle d'un
» homme de bien , depuis long-temps elle
» nous est connue.» Quelque temps après,

par arrêté des consuls, il fut déporté à l'île de Rhé avec divers de ses compagnons d'infortune, pour y être gardés jusqu'à nouvel ordre.

Le lendemain d'une solennité de Pâques, la station anglaise qui bloquait cette île, fit craindre un débarquement général, et jeta une cinquantaine d'hommes sur les digues de Sainte-Marie. Nos proscrits, qui avaient la ville pour prison, se rendent chez le commandant d'armes, et offrent leurs services. Talot donne de sages avis sur les moyens de défense à prendre, et court se placer, le fusil sur l'épaule, dans un rang du premier peloton de la légion nantaise, composée d'intrépides jeunes gens. Aucune action n'eut lieu ; les Anglais craignirent d'effectuer leur descente.

Après quatorze mois d'exil, Talot recouvra la liberté par l'entremise de plusieurs de ses anciens collègues. Le gouvernement le désigna pour faire partie

de l'expédition de Saint-Domingue ; il
refusa, alléguant le délabrement de sa
santé. Par suite de ce refus son nom fut
rayé du contrôle de l'armée. Talot sur-
pris demanda en vain sa mise en juge-
ment et l'arriéré du traitement dû à son
grade.

Enfin après quelques mois il fut admis
à la retraite ; douze cents francs lui
furent accordés ; cette pension fut désor-
mais sa modique fortune.

De retour dans ses foyers, cet homme
estimable ne prit aucune part aux affaires
publiques. Il ne vota ni pour le consulat
à vie, ni pour l'empire.

Il se réfugia à Angers lors des désastres
des cent jours.

En 1809 il reçut l'ordre de rejoindre
l'armée de la tête de Flandres, qui mar-
chait pour s'opposer aux Anglais mena-
çant l'île de Walcheren. D'anciens frères

d'armes, dont plusieurs sont aujourd'hui élevés aux plus hauts grades militaires, revirent avec plaisir leur vieux ami qu'ils surnommaient *l'énergique.*

Après la malheureuse campagne de Moscou, il reçut de nouveau l'ordre de reprendre du service. Il semblait que le chef de l'état comptait sur lui au jour du danger ; mais Talot, courbé sous le poids des infirmités, se vit cette fois, avec une vive douleur, contraint de ne pouvoir souscrire aux ordres de la France vaincue par l'âpreté du climat russe et non par la lance de ses cosaques.

Ici finit la vie politique et militaire de Michel-Louis Talot. Nous sommes loin d'avoir énuméré tous ses titres de gloire ; il faudrait y consacrer plus d'espace que n'en peut avoir une simple notice. Nous nous sommes interdit le droit de faire des réflexions, reconnaissant que le lecteur qui daignera nous lire remplira avec im-partialité cette obligation.

Talot a écrit pour faire trève à l'ennui. L'auteur de cette notice possède et ses mémoires et une foule de lettres dont une partie est consacrée à reconnaître des services qu'il se plaisait à rendre aux jours de son élévation, surtout à ses compatriotes.

Talot était d'une petite taille ; sa tête, absolument chauve, sa figure saillante, semblait modelée pour l'histoire ; le caractère de sa physionomie qui était méditatif, s'animait chaque fois que la conversation roulait sur les affaires publiques. Il aimait le pays avec passion. Studieux, sa lecture favorite était celle des hommes illustres de Plutarque.

La famille de Talot trouvera des plumes plus habiles que la mienne pour rendre hommage à ce citoyen ; mais il appartenait à celui auquel il a confié ses mémoires d'entretenir quelques instans cette famille honorable de la perte douloureuse

qu'elle vient de faire , et d'enlacer de
quelques branches de laurier les cyprès
qui ombragent la tombe d'un guerrier
législateur et d'un homme de bien.

9 782013 044165